Meinem verehrten Lehrer

Wolfgang Schadewaldt

(1900 – 1974)

©2016 Annrose Niem. Herausgeber: Stadtmuseum Quakenbrück e. V.
Herstellung und Verlag: BoD – Books on Demand, Norderstedt
ISBN: 978-3-7392-3067-2

Annrose Niem

Quakerich eilte zu Hilfe

Der pseudohomerische Frosch-Mäuse-Krieg

Ein Vortrag im Stadtmuseum Quakenbrück

(28. Januar 2016)

Vorwort

Es ist immer interessant, wenn Frau Dr. Annrose Niem im Förderverein Stadtmuseum einen Gegenstand aus der Antike aufgreift. Zum achten Mal ist es ihr gelungen, vor vollem Haus ihr Thema – diesmal eine Parodie aus hellenistischer Zeit – spannend zu präsentieren.

Hinter dem zunächst banal klingenden Titel des kleinen Epos *Frosch-Mäuse-Krieg* verbirgt sich eine Weisheit, die auch im 21. Jahrhundert noch zum Nachdenken anregt. Über viele Jahre sind Schulkinder mit ihm altersgemäß in die Sprache Homers eingeführt worden; allerdings gilt der griechische Dichter nach heutigem Wissen nicht mehr als Urheber dieser Parodie.

Die hier vorliegende Veröffentlichung des Vortrags führt zunächst in die großen homerischen Epen *Ilias* und *Odyssee* ein, um deren Verballhornung es im *Frosch-Mäuse-Krieg* geht. Es folgt die spannende Erzählung mit den kuriosen, aber recht hintergründigen Rufnamen der beteiligten Tiere.

Die Spannung hält an bis zum Ende, das einen unerwarteten Ausgang präsentiert. Kriegerisch geht es zur Sache, aber hintergründig lässt sich aus dem Geschehen schließen, dass der Autor gegen den Unsinn von Kriegen protestiert.

So ganz nebenbei hatte die Autorin des Vortrags auch das Quakenbrücker „Wappentier" im Visier: Zum Glück wird der Frosch am Ende mit der göttlichen Hilfe des Zeus vor seinem Untergang gerettet.

Der Leser hat mit der vorliegenden Schrift die Möglichkeit, die antike Darstellung in Ruhe zu genießen. Wir danken Frau Dr. Niem für diesen besonderen Punkt im Winterprogramm und hoffen, dass sie uns auch in der nächsten Saison wieder Themen aus der Antike so spannend darbietet.

Quakenbrück, im Februar 2016   Heinrich Böning
Stadtmuseum Quakenbrück

Heute gehe ich mit Ihnen in ganz frühe Zeiten zurück: Der *Frosch-Mäuse-Krieg* (*Batrachomyomachia*), ein kleines Epos von knapp 300 Versen, soll im Mittelpunkt des heutigen Abends stehen. Es wurde lange Zeit dem griechischen Dichter *Homer* zugeschrieben, der um 800 v.Chr. gelebt haben soll. Darin geht es um einen Krieg zwischen den Mäusen und dem Volk der Frösche. – Natürlich habe ich bei der Wahl dieses Themas an das Quakenbrücker „Wappentier", den Frosch, gedacht. –

Das kleine Werk war über Jahrhunderte hinweg Schullektüre. Das lag sicher an der überschaubaren Länge und seinem lustigen Inhalt. Dieser Tatsache verdanken wir, dass es überhaupt auf uns gekommen ist, allerdings unterscheiden sich die zahlreichen Handschriften so sehr voneinander, dass es bisher noch nicht gelungen ist, eine gültige Textversion herauszuschälen. Da haben offenbar die Schulmeister innerhalb vieler Jahrhunderte immer wieder Änderungen angebracht, Verse gestrichen, andere hinzugefügt, vielleicht, um es ihren Schülern leichter zu machen oder die Lektüre zu verkürzen oder aus vielen anderen denkbaren Gründen.

Wichtig für uns ist, dass der *Frosch-Mäuse-Krieg* eine Parodie ist, in der Tiere statt Menschen handeln; insofern steht sie auch der Fabel nahe. Eine Parodie setzt ja immer ein oder mehrere ernsthafte Werke voraus, auf die sie anspielt und die sie karikiert. Man kann sie also nur richtig verstehen, wenn man die vom Parodisten aufs Korn genommenen Werke kennt. In unserem Fall geht es um eine Verballhornung der beiden großen homerischen Epen *Ilias* und *Odyssee*, die den Trojanischen Krieg zum Inhalt haben, den man um die Mitte des 2. Jahrtausends vor Christus ansetzt und der, wie die

7

Grabungen von Heinrich Schliemann (1822-1890) zeigen, auf historischen Wurzeln beruht.

Ehe ich Sie mit dem *Frosch-Mäuse-Krieg* bekannt mache, soll es also zunächst um die beiden großen homerischen Epen gehen: In der *Ilias* werden wir in die einzelnen Kämpfe des Trojanischen Krieges zwischen Griechen und Trojanern mit hineingenommen. In der *Odyssee* geht es um die Rückkehr eines der griechischen Helden, *Odysseus*, vom Kampfort Troja in seine Heimat Ithaka. Schon dieser unterschiedlichen Schwerpunktsetzung kann man entnehmen, dass beide Werke völlig verschiedener Natur sind: Das eine ist ein Kriegsepos; das andere beschreibt neben den vielen Abenteuern, die *Odysseus* während seiner zehn Jahre dauernden Heimkehr zu bestehen hat, auch die vielen kleinen alltäglichen Dinge, die die Menschen zu allen Zeiten bewegten und noch immer bewegen.

Neben dieser grundlegenden Verschiedenheit kann man auch Unterschiede beobachten. So kann man z.B. feststellen, dass sich in beiden Werken das Verhältnis zwischen Göttern und Menschen unterscheidet. In der *Ilias* geben die Götter den Menschen Gedanken und Ideen ein und benehmen sich selbst wie Menschen, indem sie z.B. auf einander eifersüchtig sind und sich streiten. In der *Odyssee* sind Götter und Menschen mehr vertraut miteinander. Das „Nur-zu-Menschliche" ist an den Göttern nicht mehr so ausgeprägt.

Das lässt die Frage aufkommen, ob *Ilias* und *Odyssee* von nur einem einzigen Dichter geschrieben worden sein können. Hat ein Mann namens Homer überhaupt eines der beiden Werke geschrieben, und – hat es ihn überhaupt gegeben? All das sind grundsätzliche Fragen, die man heute unter der sogenannten „Homerischen Frage" zusammenfasst.

Bei der Lektüre der über 15000 Verse zählenden *Ilias* und der *Odyssee* mit ca. 12000 Versen kann man Ungereimtheiten und sogar offensichtliche Fehler entdecken: So wird z.b. in der ersten großen Schlacht der *Ilias* ein prominenter griechischer Kämpfer von einem Trojaner getötet (5,576); derselbe Mann verlässt dann später (13,658) weinend den Kampf, in dem sein Sohn den Tod gefunden hat.

Während dem römischen Dichter Horaz (65-8 v. Chr.) dafür noch augenzwinkernd die Erklärung gereicht hat, dass bisweilen sogar der große Homer schlafe (art. poet. 359 f.), sehen es spätere Kritiker als ein Anzeichen dafür, dass die beiden großen Epen aus einzelnen − zunächst mündlich überlieferten − Teilen bestehen. Darin gibt man ihnen auch heute zum Teil Recht: Der Ursprung der beiden großen homerischen Epen ist rein mündlicher Natur: Sie wurden nicht aufgeschrieben und gelesen, sondern in einer Art Sprechgesang vorgetragen und gehört. Auch in *Ilias* und *Odyssee* treten Sänger auf, die Ereignisse besingen, die mit dem Ablauf der Handlung mehr oder weniger im Zusammenhang stehen. Ihnen wurde in dieser frühen Zeit große Verehrung entgegengebracht, glaubte man doch, dass Musen oder andere Gottheiten ihnen ihre Lieder eingäben und sie deshalb gewissermaßen nur ihr Sprachrohr waren.

Die frühen Gesänge wurden in der gesamten griechischen Welt verbreitet. So wurden sie z.B. regelmäßig auf bestimmten Festversammlungen oder Agonen dargeboten, teils im Ganzen, teils nur in Teilen, die dann durch Einleitungen und andere Ergänzungen erweitert wurden. Diese Gesänge unterschieden sich wesentlich von denen in *Ilias* und *Odyssee*: Sie wurden von den Sängern frei gestaltet, während Sänger, die später die homerischen Epen vortrugen, nur einen vorher festliegenden Text aus dem Gedächtnis rezitierten.

Der Sprache der beiden Epen ist noch ihre uralte Herkunft anzumerken: In ihr gehen die drei griechischen Hauptdialekte (Dorisch, Äolisch, Ionisch) eine Verbindung ein, weil durch die Jahrhunderte hindurch viele Sänger jeweils neue Elemente in das alte Gepräge einbrachten und weil durch das Versmaß des Hexameters, in dem sie vorgetragen wurden, viele alte Formulierungen fixiert worden waren. Man muss sich die Gesänge nämlich als eine Art Sprechgesang vorstellen, bei dem der gleichmäßige und doch sehr variable Rhythmus des Hexameters eine wichtige Rolle spielte.

Viele meinen auch noch heute, dass die beiden homerischen Epen auf eine irgendwie geartete Zusammenstellung einzelner Lieder zurückgehen; doch auch sie haben keinen Zweifel daran, dass am Ende eine ordnende Hand tätig gewesen ist, die einheitliche Werke daraus geformt hat. Wenn man sich aber eingehend mit diesen Epen befasst, kann kein Zweifel daran bestehen, dass diese schlüssig aufgebaute Handlung, die auch die kleinsten Anspielungen an geeigneter Stelle mit Umsicht und Fingerspitzengefühl wieder aufnimmt, im Endeffekt nur von <u>einem</u> Dichter, eben unserem *Homer*, geschaffen worden ist. Der Altphilologe Wolfgang Schadewaldt vergleicht überzeugend das Werk Homers mit dem eines Architekten, der unter Einbeziehung alter Bauteile aus den verschiedensten Jahrhunderten einen ganz neuen, für ihn charakteristischen Bau errichtet hat.

Die biographischen Angaben über den Dichter sind zwar reichhaltig; sie sind aber weitgehend mit Anekdotischem durchsetzt und mit Angaben, die Spätere offenbar den homerischen Epen selbst entnommen haben. Als Ergebnis bleibt Folgendes übrig: Der Dichter ist wahrscheinlich um 800 v.Chr. herum im kleinasiatischen Smyrna geboren, hat dann lange auf der Insel Chios gelebt und ist schließlich auf der kleinen Insel Ios gestorben. *Homer* ist augenscheinlich nicht sein richtiger Name, sondern eine Art Künstlername: Der Name wurde als „der Blinde" gedeutet. Dichter und Sänger stellte man sich nämlich oft als Blinde vor; nur Blinde können ein so phänomenales Gedächtnis haben.

Im Folgenden gebe ich Ihnen zunächst eine kurze Zusammenfassung der *Ilias*:

Ich hatte vorhin gesagt, dass das Thema der *Ilias* der Trojanische Krieg sei, doch der Dichter hätte sicher dagegen protestiert und gesagt: Thema der *Ilias* ist der Zorn *Achills*. Denn in den Anfangszeilen des Werks bittet Homer die Muse, vom Zorn des *Achilleus* zu singen, der in diesem Krieg vielen Griechen den Tod gebracht habe. So muss ich jetzt berichtigend und ergänzend sagen: Die *Ilias* handelt zwar vom Trojanischen Krieg, aber es geht in ihr nur um einen begrenzten Zeitraum, nämlich um 50 Tage, im Verlauf dieses Krieges.

Zum Trojanischen Krieg war es gekommen, weil der Sohn des Königs von Troja, der schöne *Paris*, die Frau des Spartanerkönigs *Menelaos* geraubt hatte, *Helena*, die damals als schönste Frau der Welt galt. Daraufhin hatte der Bruder des *Menelaos*, *Agamemnon*, den Oberbefehl über ein Griechenheer übernommen, dem sich viele andere griechische Könige und Fürsten mit ihren Untergebenen anschlossen; unter ihnen war *Achill*, Anführer der Myrmidonen, der damals als der größte griechische Held galt. Zusammen setzten sie mit Schiffen nach Troja über, das im Nordwesten Kleinasiens lag, um die Rückgabe der geraubten *Helena* zu erzwingen.

Die Handlung der *Ilias* setzt im 9. Kriegsjahr ein: Das Griechenheer, das unter dem Oberbefehl des Königs von Mykene, *Agamemnon*, vor der Stadt Troja lag, wurde zu dieser Zeit durch eine

Seuche geschwächt, die der Gott *Apollon* geschickt hatte. *Agamemnon* hatte sich nämlich kurz vorher geweigert, seiner Lieblingssklavin, Tochter eines Apollonpriesters, die Freiheit zu schenken. Um die Seuche vom Heer abzuwenden, gab *Agamemnon* sie schließlich frei, beanspruchte aber dafür die Lieblingssklavin *Achills* für sich.

Aus Zorn darüber weigert sich *Achill,* weiterhin am Kampf gegen Troja teilzunehmen. Seine Mutter, die Meeresgöttin *Thetis*, hört seine Klage um das geliebte Mädchen. Sie wendet sich an *Zeus* mit der Bitte, die Trojaner so lange im Kampf zu begünstigen, bis ihr Sohn Genugtuung erfahren habe.

Nun muss man aber wissen, dass die Griechen von *Zeus* einst die Zusage erhalten hatten, Troja im zehnten Kriegsjahr einzunehmen und zu zerstören. So kann *Zeus* dem Ansinnen der Meeresgöttin nur heimlich, unbemerkt von den anderen Göttern, Folge leisten und die trojanische Seite stützen. Doch seine Gattin und Schwester *Hera* hatte den Braten gerochen und ihren Ehemann und Bruder dafür zur Rechenschaft gezogen. Trotz ihrer herausragenden Stellung muss sie sich ihrem Mann fügen, unterlässt es aber in der Folge nicht, die ihr lieben Griechen immer wieder heimlich zu unterstützen. So kommt es in der *Ilias* zu vielen Kämpfen von Menschen und Göttern, die sich ihrerseits immer wieder auf die Seite der von ihnen Bevorzugten schlagen und direkt in den Kampf eingreifen. Schließlich versucht *Zeus*, die Zusage, die er *Thetis* gegeben hatte, dadurch einzuhalten, dass er allen Göttern bis zur Zurückdrängung der Griechen durch die Trojaner verbietet, aktiv in den Kampf einzugreifen.

So geraten also die Griechen in Bedrängnis und müssen am Ende gar fürchten, dass die Trojaner die am Strand liegenden griechischen Schiffe in Brand setzen. In dieser brenzligen Situation wendet sich *Patroklos* an seinen engsten Freund *Achill*. Er bittet ihn um seine Rüstung und sein Gespann, um stellvertretend für den Freund an der Spitze der Myrmidonen in den Kampf einzugreifen. Dabei erleben wir mit, wie er diese – besonders wertvollen – Waffen anlegt. Nachdem es *Patroklos* anfangs gelungen war, die Trojaner wieder zu ihrer Stadt zurückzutreiben – nicht zuletzt deswegen, weil sie wegen der vertauschten Rüstung zunächst geglaubt hatten, *Achill* selbst habe wieder in den Kampf eingegriffen –, wird er am Ende doch vom großen trojanischen Helden *Hektor* getötet.

Hatte der Zorn *Achills* bis dahin dem Heerführer *Agamemnon* gegolten, schlägt nun seine Trauer um den geliebten Freund in Zorn gegen *Hektor* um, der ihn getötet hatte. So greift er wieder selbst in den Kampf ein. Es tritt also die alte Prophezeiung des *Zeus* wieder in Kraft, die den Griechen den Sieg über Troja verheißen hatte. Doch dieser für die Griechen gute Ausgang wird nicht mehr in der *Ilias* beschrieben. Sie endet mit der Tötung *Hektors* durch *Achill* und mit der Rückgabe seines Leichnams an dessen alten Vater *Priamos*. Diesen Leichnam des ihm Verhassten hatte er vorher – außer sich vor Wut – an seinen Streitwagen gebunden und ihn bis zu den griechischen Schiffen und später auch mehrmals um das inzwischen errichtete Grabmal des Freundes geschleift und geschworen, ihn anschließend den Hunden zum Fraß vorzuwerfen.

Diese gottlose Raserei konnten die Götter, die ihn bisher in seinem Kampf unterstützt hatten, nicht länger hinnehmen. Sie veranlassten *Achill* schließlich dazu, die schmachvolle Behandlung des Feindes zu beenden und die Leiche dem alten um seinen Sohn trauernden Vater, König *Priamos*, zurückzugeben. Diesen geleiten die Götter ungesehen ins Griechenlager, wo ihn Achill unter Bewunderung seiner stolzen Erscheinung willkommen heißt. Vor der Rückgabe des Leichnams speist man miteinander; dabei bewundern die beiden gegenseitig jeweils die Schönheit des anderen. Am Ende räumt *Achill* dem *Priamos* großzügig Zeit für die Vorbereitung und Durchführung der Bestattung seines Feindes ein. So endet die *Ilias* sehr versöhnlich mit einem Waffenstillstand.

Wir sehen also: Die *Ilias* ist zwar ein Kriegsepos mit all seinen Grausamkeiten, sie behandelt aber eigentlich nur den Abschnitt des Krieges, in dem die zornige Weigerung *Achill*s, sich weiter an den Kampfhandlungen zu beteiligen, für die Griechen zum Problem wird. Auf diese Weise wird es ihrem Dichter auch möglich, den überwiegenden Schattenseiten des Krieges auch die Vorzüge eines zivilen, humanen Miteinanders entgegenzustellen.

Davon konnte ich Ihnen hier nur mit der kurzen Beschreibung der Übergabe von *Hektors* Leichnam an *Priamos* eine kleine Kostprobe geben. Weitere erwarten Sie, wenn ich Ihnen die *Odyssee* und im letzten Teil meines Referats dann endlich den *Frosch-Mäuse-Krieg* selbst vorstelle.

Wie die *Ilias* nicht den ganzen Kampf um Troja beschreibt, hat auch die *Odyssee* nur einen Ausschnitt der zehn Jahre dauernden Heimkehr des *Odysseus* zum Thema:

Gleich zu Anfang erfahren wir, dass – während inzwischen alle anderen Überlebenden wieder zu Hause angekommen sind – *Odysseus* auf der Insel Ogygia von der Nymphe *Kalypso* festgehalten wird. Das hören wir in einer Götterversammlung, auf der die Göttin *Athene* den Göttervater *Zeus* auffordert, nun endlich die Freigabe des *Odysseus* zu veranlassen. Der Moment ist günstig; denn der einzige unter den Göttern, der *Odysseus* grollt, ist der Meeresgott *Poseidon*, und der nimmt gerade bei den Äthiopen ein Opfer entgegen.

Zeus schickt den Götterboten *Hermes* auf die Insel. Dort verzehrt sich *Odysseus* in Sehnsucht nach seiner Heimat Ithaka und seiner Frau *Penelope*; und das, obwohl ihm die Nymphe Unsterblichkeit versprochen hatte, wenn er bei ihr bliebe. Doch nun muss sie ihn freigeben. Das Floß für die Rückfahrt baut er sich selber mit dem Holz, das ihm die Nymphe weist.

Nachdem er einige Tage damit auf seine Heimat zu segeln kann, behindert der aus Afrika zurückkehrende *Poseidon* seine Weiterfahrt durch ein Unwetter und lässt ihn – schiffbrüchig – ins Land der Phaiaken gelangen. Als er endlich an einer Flussmündung Land erreicht, legt er sich – unbekleidet und erschöpft – in ein dichtes Gebüsch, wo er sogleich in tiefen Schlaf fällt.

In der Nacht geht *Athene* ins Haus des Phaiakenkönigs und tritt im Traum zu dessen Tochter *Nausikaa*. Sie animiert sie dazu, endlich einmal wieder an der Flussmündung Wäsche zu waschen. So bricht sie am nächsten Morgen mit ihren Bediensteten auf.

Nach getaner Arbeit stärken sich die Mädchen mit dem mitgebrachten Proviant und spielen dann am Strand Ball. *Odysseus* erwacht vom Lärm, den sie dabei machen, und bittet die Königstochter – nur dürftig mit einem Zweig seine Scham bedeckend – um Hilfe. Er bekommt von ihr eins der frisch gewaschenen Gewänder, wäscht sich abseits im Fluss und wird, nachdem er das Gewand angezogen hat, von *Athene* mit Anmut übergossen. Die Mädchen, die vorher – mit Ausnahme *Nausikaa*s – vor dem Nackten die Flucht ergriffen hatten, bestaunen ihn nun und halten ihn für einen Gott.

Die Königstochter weist dem Fremden den Weg zum Königshaus und gibt ihm Anweisungen, wie er sich dort zu verhalten habe. Dort wird *Odysseus* freundlich aufgenommen und zunächst beköstigt. Währenddessen singt ein göttlicher Sänger von der Heimkehr der Griechen von Troja. *Odysseus* kann seine Tränen nicht zurückhalten, was einzig vom Hausherrn bemerkt wird. Nach dem Essen wird er – wie damals üblich – nach Namen und Herkunft befragt. Dabei erfahren nun auch wir von seinen Abenteuern in den zurückliegenden zehn Jahren (die Erzählungen des Odysseus von seinen Irrfahrten und Abenteuern gehen über ca. 2200 Verse).

Die Phaiaken setzen ihn – überhäuft mit Geschenken – auf seine Heimatinsel Ithaka über und legen den tief Schlafenden an den Strand. Als *Odysseus* am nächsten Morgen erwacht, kennt er seine Heimat zunächst nicht wieder, bis ihm *Athene* in Gestalt eines jungen Mannes erscheint. Sie gibt sich ihm aber zu erkennen, als er ihr über seine Identität eine Lügengeschichte auftischt. Dann berät sie ihn, wie er sich der vielen Freier erwehren könnte, die indessen in seinem Haus aus und ein gingen, sein Gut verprassten und *Penelope* zur Heirat drängten.

Auf *Athene*s Rat begibt sich *Odysseus* in Gestalt eines alten Bettlers zuerst zum Schweinehirten *Eumaios* draußen vor der Stadt; der empfängt ihn freundlich und nimmt ihn bei sich auf. Einige Tage später stößt *Telemach*, der Sohn des *Odysseus*, zu ihnen. Er ist auf dem Rückweg von einer Erkundungstour nach seinem Vater. Als der Schweinehirte ihnen einmal den Rücken kehrt, offenbart sich *Odysseus* seinem Sohn, so dass sie sich beraten, wie sie der Freier Herr werden könnten.

Als Bettler betritt *Odysseus* dann sein eigenes Haus. – Sehr berührend ist die Szene, in der ihn sein alter Hund erkennt, mit dem Schwanz wedelt und kurz darauf stirbt. – *Odysseus* bettelt unter den Freiern und erkundet dabei ihre und der Bediensteten Gesinnung. Seiner Frau *Penelope* gibt er sich nicht zu erkennen, sondern erzählt ihr, er habe *Odysseus* getroffen und der Hausherr sei schon ganz nahe, was die Frau ihm aber nicht glaubt.

Beim Waschen seiner Füße erkennt ihn seine alte Amme *Eurykleia* an einer alten Narbe. Doch *Odysseus* verbietet ihr den Mund, als sie das sogleich seiner Frau weitersagen will. Im anschließenden Gespräch mit *Penelope* heißt er ihren Plan gut, den Freiern die Aufgabe zu stellen, den alten Bogen des *Odysseus* zu spannen und dann damit einen Pfeil durch die Ösen von zwölf hintereinander aufgestellten Äxten zu schießen. Wer das schaffe, den wolle sie heiraten.

Es kommt, wie es kommen muss: Keiner schafft es, bis *Odysseus* die Probe selbst besteht. Gleich darauf zielt er auf die versammelten Freier, und es gelingt ihm, zusammen mit seinem Sohn und zwei treuen Hirten – natürlich nur mit Unterstützung von *Athene* und *Zeus* – alle Freier zu töten.

Als *Penelope* vom Geschehen benachrichtigt wird, kann sie ihr Glück zunächst lange nicht fassen, bis sie an untrüglichen Anzeichen merkt, dass es wirklich *Odysseus* ist, der nun endlich zu ihr zurückgekehrt ist.

In beiden homerischen Epen kommen zahlreiche Vergleiche mit großen und kleinen Tieren vor. Doch von Mäusen und Fröschen ist dort nirgends die Rede. Es hat aber eindeutig eine Fabel zum *Frosch-Mäuse-Krieg* Pate gestanden; man führt sie auf den Fabeldichter *Äsop* zurück, der im 6. vorchristlichen Jahrhundert gelebt hat (384 Perry in Äsopvita Rez. C; vgl. 302 Hausmann). Ich lege sie hier in meiner eigenen Übersetzung vor:

Als die Tiere noch die gleiche Sprache sprachen, hatte sich eine Maus mit einem Frosch befreundet und lud ihn zu sich zum Essen

17

ein; sie führte ihn in ihre außerordentlich reichhaltige Speise-
kammer, in der Brot, Fleisch, Käse, Oliven und getrocknete Feigen
lagen, und sagte: „Iss!" Nachdem er so gut aufgenommen worden
war, sagte der Frosch: „Komm auch du zu mir zum Essen, dass ich
dich gut bewirten kann." Er führte die Maus zum Teich und sagte:
„Schwimm!" Darauf die Maus: „Ich kann nicht schwimmen." Der
Frosch: „Ich werde es dir beibringen." Er band mit einer Schnur
den Fuß der Maus an seinen Fuß, schleifte sie in den Teich und zog
sie hinter sich her. Die Maus aber hatte Angst und sagte: „Wenn ich
tot bin, du aber noch lebst, werde ich mich an dir rächen!" Kaum
hatte sie dies gesagt, da tauchte der Frosch unter und ertränkte sie.
Während sie noch auf dem Wasser lag und dahertrieb, schnappte ein
Rabe die Maus, die noch mit dem Frosch zusammengebunden war;
und als er sie gefressen hatte, packte er auch den Frosch. So rächte
sich die Maus an dem Frosch!

Nun zum *Frosch-Mäuse-Krieg*, der *Batrachomyomachia*:
Das kleine Epos ist schwer zu datieren; das hängt u.a. mit den
vielen Änderungen zusammen, die im Laufe der Jahrhunderte den
Blick auf das Original verstellt haben. Man nimmt jedoch heute weit-
gehend an, dass das kleine Werk zur Zeit des Hellenismus entstanden
ist. Mit *Hellenismus* bezeichnet man die Zeit zwischen dem Wirken
Alexanders des Großen bis zu Christi Geburt. In dieser Zeit wurde
griechische Kultur über die ganze damals bekannte Welt verbreitet.
Eine besondere Rolle spielte dabei die griechische Stadt Alexandria,
die Alexander 331 v. Chr. in Ägypten gegründet hatte.
Dort befand sich eine Weihestätte der Musen, das sogenannte
Museion (lat.: Museum); das war ein großes wissenschaftliches For-
schungsinstitut, in dem an die 100 Gelehrte wirkten. Angeschlossen

war eine große öffentliche Bibliothek, in der alle erreichbare Literatur gesammelt wurde. Die dort wirkenden Gelehrten beschäftigten sich u. a. mit den Werken der alten Griechen, gaben sie heraus und kommentierten sie. Die dort auch tätigen Dichter bevorzugten Stoffe, die weniger bekannt waren als die gängigen griechischen Mythen, und bedienten sich in der Regel kleinerer Formen (Elegien, Epyllien, Hymnen, Epigramme). Ihre Werke wandten sich an ein hochgebildetes Publikum, dem natürlich die Werke der Alten bekannt waren. Oft waren die Vorsteher der Bibliothek Gelehrte und Dichter in Personalunion. Man kann sich also gut vorstellen, dass unser kleines Epos in dieser Zeit entstanden ist.

Ich werde im Folgenden möglichst viele originale Verse aus der Übersetzung von Thassilo von Scheffer aus der Mitte des vorigen Jahrhunderts zitieren. – Wie alle anderen Textherausgeber und Übersetzer musste auch er sich für einen der möglichen Abläufe entscheiden (seine Verszählung habe ich hier auch übernommen). – Die Übersetzung mag zwar etwas altmodisch für uns klingen, das ist zum Teil dadurch bedingt, dass Scheffer den griechischen Hexameter nachahmt; andererseits finde ich die Sprache doch angemessen, wird in ihr doch der Kontrast zwischen dem weihevollen homerischen Stil und dem banalen Gegenstand besonders herausgestellt. Außerdem hat es Scheffer meisterhaft verstanden, die sprechenden griechischen Namen der beteiligten Tiere treffend ins Deutsche zu übertragen. Zwischen den zitierten Stellen fülle ich dann die Lücken durch verbindende Texte oder erkläre auch jeweils Erklärungsbedürftiges. (Ich habe die Rechtschreibung Scheffers in die neue umgewandelt.)

Am Anfang steht auch im *Frosch-Mäuse-Krieg* ein Musenanruf; während aber in den beiden homerischen Epen der Dichter die Muse darum bittet, ihm zu helfen, den Stoff möglichst wahrheitsgemäß zu verkünden, bittet der Verfasser des *Frosch-Mäuse-Krieges* gleich alle Musen, das Werk, das er bereits fertiggestellt hat, *in die Ohren aller Sterblichen zu senken ... wie sich gegen die Frösche der Mäuse Heldenvolk wandte, nachzuahmen die Taten der erdgeborenen Giganten.* (6)

Die *Giganten* waren wilde Riesen, Söhne der Erdgöttin *Gaia*. Sie hatten einst sogar gegen die Götter gekämpft. Größer kann also der Kontrast zu den winzigen Tieren nicht sein! Nach dieser bombastischen Ankündigung wird nun die Geschichte von vorn erzählt:

Mäuserich nahte einst durstig, der Katze Bedrohung entronnen,
Um in den nahen Teich sein zartes Schnäuzchen zu senken
Und sich am lieblichen Wasser zu laben, da aber sah ihn
Ein hellquakender Sümpfler, und klangvoll rief er die Worte:
„Fremdling, wer bist du? Wie kamst du hierher? Wie nennt sich dein
Vater?
Künd es getreulich, dass ich dich nicht beim Lügen ertappe.
Wenn du als würdiger Freund mir dünkst, dann führ ich dich heim-
wärts;
Werde dir gastliche Gaben gar viele und köstliche geben.
Pausback bin ich, der König, der als Gebieter der Frösche
Hier in diesem Teiche seit langen Tagen geehrt wird.
Schlammbold war mein Vater, der mich erzeugte, er einte
Mit Teichhilde sich liebend am Rand des Eridanos-Stromes.
Dich auch sehe ich stattlich und stark vor den anderen allen.
Wohl ein wackerer Kämpe und szeptertragender König
Bist du, und drum wohlan, verkünde mir schnell deine Abkunft.“
(9-23)

Wie in *Ilias* und *Odyssee* fragt auch der Froschkönig die Maus nach Namen und Herkunft. Dass er an dieser Stelle darauf pocht, auch wirklich die Wahrheit gesagt zu bekommen, beruht darauf, dass – besonders in der *Odyssee* – dem Fragenden öfter auch Lügengeschichten aufgetischt wurden. So z.B., als *Odysseus* dem Riesen *Polyphem*, bevor er ihm sein einziges Auge aussticht, auf dessen Frage antwortet, sein Name sei *Niemand*. Im *Frosch-Mäuse-Krieg* wird deutlich darauf angespielt; denn der fragende Frosch wird hier als *hellquakend* bezeichnet. Damit übersetzt Scheffer das griechische *polyphemos*.

Nicht zufällig spricht der Froschkönig von seinem Vater als *Schlammbold*; das ist nämlich die Übersetzung von *Peleus*. So heißt auch der Vater *Achill*s. So kommt einem beim Namen *Teichhilde* der Mutter auch gleich in den Sinn, dass die Meeresgöttin *Thetis* Mutter des Helden war. Es folgt die Antwort des Mäuserichs:

Bröseldieb sagte darauf und gab dem andern zur Antwort:
„Warum forschst du nach meinem Geschlecht, das allen bekannt ist?
Bröseldieb bin ich geheißen. Ich bin der Sprössling des hehren
Vaters Nagebrot, und meine Mutter benennt sich
Leckemehl, edle Tochter des Königs Schinkenbenager.
Diese gebar mich im Nest und nährte mit allerlei Speisen
Mich, mit Feigen und Nüssen und vielen leckeren Dingen.
Wie aber würd' ich dein Freund, da ich so anders geartet?
Dir verläuft dein Leben im Wasser, ich aber pflege
Alles gern zu benagen, was bei den Menschen, und weder
Wird mir ein zartes Brot im runden Korbe entgehen,
noch ein gewalzter Kuchen, bestreut mit reichlichem Sesam,
Nicht eine Schinkenscheibe, noch Leber in leuchtender Fettschicht,

Nicht ein Käse, der eben aus süßer Sahne geronnen,
Nicht ein Honigkuchen, nach dem selbst Götter gelüstet,
Nicht was alles die Köche zum Schmaus der Menschen bereiten,
Wenn sie die Schüsseln und Töpfe mit mancherlei Zutaten würzen.
Nicht aber ess ich Radieschen, auch keinen Kohl oder Kürbis,
auch den grünlichen Lauch und auch den Eppich verschmäh ich.
Sind das doch alles Gerichte für euch Bewohner des Weihers. "
(24-43)

Was hier der Mäuserich über die Ernährung der Frösche sagt, entspricht zwar nicht unserem heutigen Wissensstand, aber es kommt deutlich heraus, dass er damit den Qualitätsunterschied zwischen der Nahrung der Frösche und seiner eigenen herausstellen will. Das empfindet auch der Froschkönig so, wie deutlich aus seiner folgenden Rede hervorgeht:

„Freund, du brüstest dich sehr mit deinem Magen; bei uns auch
Sind der Wunder gar viel im Teich und am Lande zu schauen.
Hat doch Doppelnatur Kronion den Fröschen verliehen:
Auf dem Lande zu hüpfen und uns im Wasser zu bergen.
Willst du dich selbst davon überzeugen, so ist es ein Leichtes;
Steige auf meinen Rücken, umklammre mich, dass du nicht gleitest
Und mit fröhlichem Mut zu meiner Behausung gelangest. " (44-51)

Die Fürsorge, die der Frosch hier seinem Gast entgegenbringt, steht deutlich im Kontrast zu der ruppigen Art des Froschs in der Fabel. Hören Sie nun, wie es weitergeht:

Sprachs und bot ihm den Rücken, und der bestieg ihn behände
Und um den zarten Nacken hielt leicht er die Pfoten geschlungen.
Erst ergötzte es ihn, die benachbarten Buchten zu schauen,
Über des Pausbacks Schwimmen erfreut; doch wie ihn nun ringsum
Purpurne Wogen umspülten, da rannen ihm strömende Tränen,
Und er streckte den Schwanz aufs Wasser, als ob er ein Ruder
Schwenke, und flehte dabei zu den Göttern um glückliche Landung,
Klagte sich reuevoll an – zu spät – und raufte die Haare,
Zog an den Leib die Füße; sein Herz im Innern erbebte
Bei dem so Ungewohnten; er wünschte, ans Ufer zu kommen.
Schrecklich stöhnte er auf, von schauernder Angst überwältigt.

(52-62)

Zunächst ist der Mäuserich also fröhlich, doch bald befällt ihn Todesangst. Das passt zum Vorigen. Der verzärtelte und mit feinen Speisen verwöhnte Mäuseprinz, der sich darüber entrüstet gezeigt hatte, dass man ihn nicht überall kenne, bekommt von nur ein paar Wasserspritzern (so werden die „purpurnen Wogen" von einem anderen Interpreten gedeutet) Angst. Im Folgenden vergleicht er sich gar mit der Königstochter *Europa*, die einst der mächtige *Zeus* in Stiergestalt über das Meer nach Kreta entführt hatte: Sie könne damals nicht so viel Ängste ausgestanden haben wie er auf dem Rücken des Frosches. – Übrigens bittet auch *Odysseus* in der *Odyssee* vom Meer aus häufiger die Götter um eine glückliche Landung.

Doch nun wird es wirklich gefährlich: Eine Wasserschlange taucht plötzlich vor den beiden empor. Der Frosch bekommt einen so großen Schreck, dass er, ohne an den Gefährten auf seinem Rücken zu denken, tief ins Wasser hinabtaucht. Der Mäuserich kommt dabei zu Tode; doch noch im Sterben wirft er dem Frosch – wie in der Fabel – tückisches Verhalten vor und droht ihm Rache an: Das gesamte Mäuseheer werde ihn rächen.

Sprachs und verhauchte sein Leben im Wasser. Aber es sah ihn
Tellerleck, der dort saß am sanften Ufergelände.
Fürchterlich schrie er auf und lief, es den Mäusen zu melden.
Als sie das Unheil vernahmen, ergrimmten sie alle gewaltig,
Und sie befahlen sofort den Herolden, noch in der Frühe
Alle zur Volksversammlung in Nagebrots Haus zu versammeln,
Vater des Bröseldieb, des unglückseligen, der nun
Rücklings tot auf dem Weiher die Glieder streckte; der Arme
Trieb an das Ufer noch nicht, noch schwamm er inmitten der Fluten.
Wie sie nun so in der Frühe sich eilig nahten, erhob sich
Nagebrot gleich voll Zorn ob seines Kindes und sagte:
„Freunde, obwohl nur ich von diesen Fröschen so arges
Leid erfahren, so gilt doch allen dies schlimme Beginnen.
(84- 94)

Was als freundliche Geste des Froschkönigs begonnen hatte und dann unglücklich verlief, wird also schon vom Mäuseprinzen selbst als Tücke ausgelegt, so dass er dem vermeintlichen Übeltäter im Tode gleich mit dem gesamten Mäuseheer droht. Der Vater bezieht dann ebenfalls gleich am Anfang der einberufenen Versammlung sein privates Unglück auf alle Mäuse. – *Bröseldieb* ist nämlich schon der dritte Sohn, den er auf unglückliche Weise verloren hat: Den ersten erlegte eine Katze, der zweite fiel einem *neugearteten Trug des Menschen* (101), der Mausefalle, zum Opfer und der jüngste nun dem Froschkönig *Pausback*.

24

Noch deutlicher als in der *Ilias* werden also im *Frosch-Mäuse-Krieg* auf Grund des Fehlverhaltens eines Einzelnen gleich ganze Völker aufeinander gehetzt.

Nagebrot, Bröseldiebs Vater, fordert nun das gesamte Mäusevolk zum Krieg auf:

„Auf denn! Waffnen wir uns und ziehen wir ihnen entgegen,
Wenn wir zuvor den Leib mit schimmernder Rüstung umkleidet. "
(105-106)

Und nun erleben wir mit, wie sich die Mäuse bewaffnen: Wie menschliche Krieger zu homerischer Zeit – wir erleben das in der *Ilias* z. B. bei *Patroklos* – legen auch sie zunächst Beinschienen an. Sie bestehen aus Bohnenschoten, deren Inhalt sie zuvor gefressen hatten. Die Rüstungen sind geschickt aus dem Fell einer abgehäuteten Katze gefertigt worden. Lampendeckel dienen als Schilde, als Lanzen vom Kriegsgott *Ares* gespendete Nadeln, als Helme Nussschalen.

Also standen die Mäuse in Waffen. Aber die Frösche
Sahen es und enttauchten dem Wasser; sie eilten auf einen
Fleck zusammen, um dort den schrecklichen Kampf zu beraten.
Als sie fragten, woher solch Lärm und Aufruhr entstünde,
Nahte sich schon ein Herold und trug den Stab in den Händen;
Töpfekriecher, der Sohn des erhabenen Käsebeiß war es,
Und er vermeldete Krieg, die leidige Botschaft, und sagte:
„Frösche, mich haben die Mäuse mit drohender Kunde entsendet,
Dass ihr die Waffen ergreift zu Krieg und Schlachtengetümmel.
Sahen sie auf dem Wasser doch Bröseldieb schrecklich ermordet
Von euerm König Pausback. Drum auf! beginnet zu kämpfen,

25

Die ihr im Volk der Frösche euch als die Tapfersten brüstet."
(116-127)

Nun muss König *Pausback* also vor seinem Volk Farbe bekennen. Doch augenscheinlich hat er Angst und streitet das Geschehene ab: Die Maus müsse wohl beim Spielen am Ufer ertrunken sein, während sie das Schwimmen der Frösche habe nachahmen wollen. Er sei daran unschuldig. Er geht darauf sofort zum Angriff über, indem er den Plan vorlegt, sich ebenfalls bewaffnet am Ufer des Teichs zu postieren und das andringende Mäuseheer an möglichst steiler Stelle ins Wasser zu treiben und zu ertränken.

Nun folgt die Bewaffnung der Frösche: Ihre Beinschienen bestehen aus Malvenblättern, die Panzer aus Mangold; die Schilde sind Kohlblätter, die Speere Binsen und die Helme Schneckenhäuser. – Es fällt auf, dass die Frösche sich bei ihrer Bewaffnung nur natürlicher Dinge bedienen, während die Mäuse auch Waffen haben, die der menschlichen Zivilisation zu verdanken sind (Lampendeckel, Nadeln, bearbeitete Katzenfelle).

Und so stehen sich denn die beiden Heere – wie einst vor Troja das trojanische und das griechische – bewaffnet gegenüber, und wie in den homerischen Epen ist es Zeit zu sehen, was die Götter dazu zu sagen haben:

Zeus aber rief die Götter im Sternenhimmel zusammen,
Zeigte ihnen des Kampfes Gewühl und die mächtigen Streiter,
Groß und viel an der Zahl und riesige Speere in Händen,
Gleich als nahe ein Heer der Kentauren oder Giganten.
Lachend fragt er dann, wer wohl von den Göttern die Frösche
Oder die Mäuse in Not beschirme, und sprach zu Athene:
„O meine Tochter, du eilst doch sicher den Mäusen zu helfen?
Denn die springen doch immer in deinen Tempeln in Scharen,

Über die Düfte erfreut und die reichliche Speise beim Opfer. (152-160)

Doch *Athene* lehnt ab: Die Mäuse zerstörten die Kränze in ihren Tempeln und naschten das Öl aus den Lampen; doch das Schlimmste sei gewesen, dass sie ein von ihr selbst gewebtes Gewand durchlöchert hätten. – Auch in der *Ilias* erfahren wir an mehreren Stellen, dass die Göttin – sie ist schließlich für Kunst und Handwerk zuständig – ein von ihr selbst gefertigtes Gewand trägt. Doch im *Frosch-Mäuse-Krieg* nimmt das höchst komische Züge an: Da sie das Material dafür beim Schneider auf Pump gekauft habe, könne sie es ihm nun nicht auch noch zum Flicken bringen. – Auch die Frösche würde sie nicht unterstützen; hätten sie sie doch schon oft durch ihr Quaken am Schlafen gehindert, und das, nachdem sie müde von einer Schlacht sich zur Ruhe gelegt habe. Ihr Fazit:

„Lasst uns lieber, ihr Götter, auf alle Hilfe verzichten,
Dass sie nicht einen von uns mit spitzen Geschossen verwunden,
Denn sie drängen sich selbst einem Gott gegenüber zum Kampfe.
Lasst uns alle vom Himmel den Anblick des Kampfes genießen."
(177-180)

Ich hatte Ihnen ja berichtet, dass die Götter in der *Ilias* aktiv in den Kampf der Menschen eingreifen. Die *Ilias* weiß sogar zu berichten, dass dabei die Liebesgöttin *Aphrodite* von einem der Griechen mit dem Speer an der Hand verletzt wird (5, 330 ff.). Darauf scheint *Athene* hier anzuspielen. Im *Frosch-Mäuse-Krieg* dagegen muss *Zeus* seine Mitgötter überhaupt erst auf das Kampfgeschehen aufmerksam machen und sie zum Eingreifen drängen; doch sie lehnen ab. Sie machen sich vielmehr einen Jux daraus, dem Treiben dort unten lachend von hoher Warte aus zuzuschauen, und *Zeus* donnert vom Himmel *zum Zeichen des schrecklichen Krieges.* (185)

Es folgt nun die Beschreibung vieler Einzelkämpfe; bei allen werden – wie in der *Ilias* – die Namen der einzelnen Kämpfer genannt. So kämpft z.B. *Schreihals* gegen *Leckmann, Lochmann* gegen *Pfützler, Rübling* gegen *Töpfekriecher, und Quakerich* leistet *Leckegier* Hilfe. Ja, sogar der, dessen Tod den ganzen Krieg erst verursacht hat, *Bröseldieb*, taucht hier plötzlich wieder auf. (Scheffer lässt diese Stelle in seiner Ausgabe weg.) – Auch das scheint gezielt eine Parodie auf die *Ilias* zu sein, in der eine ähnlich geartete Unstimmigkeit wegen der Länge des Werkes sicher eher entschuldbar ist als hier im kurzen *Frosch-Mäuse-Krieg.* – Plötzlich tut sich – wie in der *Ilias Achilleus* oder *Hektor* – ein Mäuserich besonders hervor.

War da unter den Mäusen ein Bursche, verwegen vor allen,
Krümeldieb, vorn im Kampf, ein Sohn des trefflichen Spürbrot;
Der vermaß sich, er wolle die Sippe der Frösche vertilgen.
Und schon trat er heran und gierte nach wildem Gemetzel.
Angstvoll strebten da alle geschwind dem Weiher entgegen.
Und er hätt' es vollendet in seiner gewaltigen Stärke,
Hätt' es nicht klar erkannt der Vater der Götter und Menschen;
Und Kronion erbarmte sich der gefährdeten Frösche ...
(237-239; 242-246)

Zunächst fordert *Zeus* nun die anderen Götter noch einmal auf, sich der bedrohten Frösche anzunehmen; doch seine Gattin *Hera* wirft ein, dass es wohl der Stärke sämtlicher Götter bedürfe, um die Mäuse zurückzudrängen; *Zeus* solle doch lieber einen Blitz entsenden, wie er es einst bei der Besiegung der größten Riesen getan habe.

28

... da griff der Kronide nach seinem versengenden Blitzstrahl.
Erstlich donnerte er, dass die Höhn des Olympos erbebten,
Dann aber warf er den Blitz, Zeus' stets entsetzliche Waffe,
Zuckend hinab, und der entflog den Händen des Herrschers.
Alle erschreckte der Wurf, die Frösche sowohl wie die Mäuse.
Aber auch so nicht ließ das Heer der Mäuse vom Kampfe,
Nein, sie strebten noch wilder, die streitbaren Frösche zu tilgen,
Fühlte nicht Zeus vom Himmel herab mit den Fröschen Erbarmen,
Und den Bedrängten sandte sogleich er rettende Helfer. (260-68)

Auch in der *Ilias* verfehlte der Blitz des *Zeus* einmal seine abschreckende Wirkung auf die Kämpfer und diente vielmehr zur weiteren Ankurbelung ihres Kampfes. – Aber nun sind wir alle gespannt, welche Helfer *Zeus* noch in der Hinterhand hat. Hören Sie selbst:

Plötzlich nahten sich da Krummscherige, Panzerbedeckte,
Quergänger, schielenden Blicks, mit Scheren und schalenbehäutet,
Knochige, Rückenbreite mit glänzenden, schillernden Schultern,
Rüsselstreckende Grätscher, Brustäugige, stelzenden Ganges,
Doppelköpfige Wesen, achtfüßige, aber doch handlos,
Krebse genannt. *Die kniffen die Mäuse sogleich in die Schwänze*
Und in die Beine und Pfoten; die Lanzen wurden verbogen.
Furcht vor ihnen packte die Mäuse, sie hielten nicht länger
Stand und ergriffen die Flucht; schon sank die Sonne hernieder,
Und so wurde der Krieg in einem Tage beendet. (269-278)

Wir sehen: Ganz am Ende wird es sehr spannend gemacht: Dem Zuhörer und Leser wird praktisch ein Rätsel aufgegeben: Erst nach 15 beschreibenden, originellen, Furcht einflößenden Attributen wird der Name der zur Rettung geschickten Tiere genannt. Es sind Krebse. – Wahrscheinlich hatte der Autor des kleinen Epos nicht gewöhnliche Krebse, sondern Taschenkrebse im Sinn, die bis zu 30 cm groß und 6 kg schwer werden können; anders kann man sich ihren durchschlagenden Erfolg eigentlich nicht vorstellen.

Wir sind hier am Ende des *Frosch-Mäuse-Kriegs* angelangt und fragen uns vielleicht, welchem Zweck diese niedliche Parodie gedient gehabt haben könnte: Die von der Zivilisation verwöhnten Mäuse sind kriegerisch versierter, die Frösche – amphibische Wesen, die im Wasser und auf dem Land zu Hause sind – gegen sie hoffnungslos unterlegen. Spontan fielen mir dazu die Gedanken des Sokrates zum Unterschied zwischen einem einfachen und einem üppigen Staat ein: Im einfachen Staat, in dem nur die nötigsten Bedürfnisse befriedigt werden müssen, braucht man außer den Bauern nur die Handwerker, die diese erfüllen können. Doch im zivilisierten und üppigeren Staat braucht man neben einem Heer von Handwerkern unzähliger Sparten auch Militär. Doch in unserer Geschichte hat Zeus mit dem friedlichen Volk der Frösche Erbarmen. Ob wir vielleicht daraus schließen können, dass der Autor des *Frosch-Mäuse-Krieges* mit seiner Parodie ein wenig gegen das Kriegsepos und damit gegen den Krieg protestieren wollte?

Was aber unser „Wappentier" betrifft: So wollen wir es nicht wegen fehlenden Kriegsruhms verachten, sondern uns vielmehr darüber freuen, dass *Zeus* mit seiner göttlichen Hilfe zum Fortbestand seiner Population beigetragen hat. Möge er auch unserer Stadt Quakenbrück weiterhin gewogen bleiben!

Literatur:

Der Frosch-Mäuse-Krieg (Batrachomyomachia), verdeutscht von Thassilo von Scheffer, Griechisch-deutsch, München 1941

Homeri opera, recognovit … Thomas W. Allen, Bd. 5, Oxford 1961

Homer, Ilias, übertragen von Wolfgang Schadewaldt, Frankfurt a.M. 1975

Homer, Odyssee, übersetzt in deutsche Prosa von Wolfgang Schadewaldt, Reinbek, 1960

Homer, mit Selbstzeugnissen und Bilddokumenten dargestellt von Herbert Bannert, in: Rowohlts Monographien, 7. Auflage, Reinbek 2000

Hansjörg Wölke: Untersuchungen zur Batrachomyomachia: Beiträge zur klassischen Philologie, Bd. 100, Meisenheim am Glan, 1978

Reinhold F. Glei: Batrachomyomachia. Synoptische Edition und Kommentar in: Studien zur klass. Philologie Bd. 12, Frankfurt a. M. 1984

Glenn W. Most: Die Batrachomyomachia als ernste Parodie, in: Wolfram Ax, Reinhold F. Glei (Hrsg.): Literaturparodie in Antike und Mittelalter, S. 27-40, Trier 1993

Wolfgang Schadewaldt: Von Homers Welt und Werk, 4. Aufl.,Stuttgart 1965

ders.: Iliasstudien, Darmstadt 1965

Von der Autorin sind in derselben Reihe bei BoD auch folgende Broschüren mit populärwissenschaftlichen Vorträgen erschienen:

- 2010: **Seneca und Plinius**, Zwei Vorträge zu antiken Themen im Stadtmuseum Quakenbrück: (*Der erste Vortrag bietet eine Einführung in Senecas Philosophie an Hand der Trostschrift an seine Mutter Helvia; der zweite stellt den Jüngeren Plinius vor und hat seine beiden Briefe über den Vesuvausbruch im Jahr 79 zum Schwerpunkt.*)
- 2011: **Weltall, Erde und Mensch bei Plinius dem Älteren**: *Thema sind Leben und Werk Plinius des Älteren. Im Mittelpunkt steht seine große naturwissenschaftliche Enzyklopädie, die „Naturalis Historia". Nach einem Seitenblick auf die Herstellung eines antiken Buches geht es besonders um die Vorstellungen von Kosmos, Erde und Mensch des ersten nachchristlichen Jahrhunderts, die uns Plinius in seinem Werk vermittelt.*)
- Diese beiden Bände sind 2014 in dem Sammelband mit dem Titel **Seneca – stoischer Betonkopf oder einfühlsamer Lebensberater?** erschienen. ISBN: 978-3-7357-3705-2
- 2012: **Atlantis – Phantom oder Wirklichkeit?** Wie ein Text aus dem vierten vorchristlichen Jahrhundert noch heute die Wissenschaft in Atem hält: ISBN: 978-3-8448-1118-6 (*Im Mittelpunkt steht die Atlantis-Erzählung des griechischen Philosophen Platon. Die Frage, ob sie auf historisch-geografischen Tatsachen beruht oder eine Fiktion ist, hat schon viele Generationen beschäftigt. Einen besonderen Reiz hat sie für die späteren Interpreten dadurch bekommen, dass die Insel in Folge einer weltweiten Katastrophe an nur einem Tag im Meer versunken sein soll. Diejenigen, die Insel und Katastrophe für historisch halten, haben natürlich die Beweislast und müssen ihre Hypothesen historisch-geografisch und naturwissenschaftlich untermauern.*)
- 2013: **Weiß auch ich, dass ich nichts weiß?** – Gedanken zu Sokrates und Platon: ISBN: 978-3-8482-5785-0 (*Anhand der „Apologie des Sokrates" Platons sowie seiner Dialoge Euthyphron, Theätet, Kriton, Phaidon und des Höhlengleichnisses aus dem „Staat" wird der Frage*

nachgegangen, was es mit dem Ausspruch des Sokrates „Ich weiß, dass ich nichts weiß" auf sich hat.)

- 2014: **Gerechtigkeit unter der Lupe** – Was wir in Platons „Staat" über Gerechtigkeit und Ungerechtigkeit erfahren: ISBN: 978-3-7322-8403-0 (*Der Titel dieses Vortrags erklärt sich daraus, dass Sokrates in Platons „Staat" für eine Definition von Gerechtigkeit beim einzelnen Menschen die Gerechtigkeit im Staat quasi als Vergrößerungsglas benutzt. Dafür lässt er vor seinen Zuhörern das Bild eines neuen, eines gerechten Staates entstehen. Gefragt, ob die Verwirklichung eines solchen Staates möglich sei, nennt Sokrates drei Bedingungen dafür: die Gleichberechtigung der Frau, Frauen- und Kindergemeinschaft und die Herrschaft von wahren Philosophen.)*

- 2015: **Hat das Delphische Orakel den Lyderkönig Krösus falsch beraten?** ISBN: 978-3-7347-6057-0 (*Über ein Jahrtausend fanden Privatleute und Politiker aus ganz Griechenland und der angrenzenden Welt Rat beim Apollon-Orakel in Delphi. Sie kamen dorthin auf oft langen, beschwerlichen Wegen: zu Pferd, in der Kutsche, auf einem Schiff oder auch zu Fuß. So konnten sie sich lange Gedanken darüber machen, wie sie ihre Fragen an den Gott genau formulieren sollten, und auch schon darüber, wie die Antwort ausfallen könnte. Direkt vor der Befragung fiel ihr Blick in der Vorhalle des Tempels auf die berühmten Sprüche von Weisen, allen voran das „Erkenne dich selbst!". Diese Aufforderung verwies sie in ihre engen Grenzen als unwissende Menschen gegenüber dem allwissenden Gott. In dieser Haltung sollte auch die Antwort, die ihnen die Pythia gab, gedeutet werden.)*